curio?idad por

LA PESCA
EN AGUA DULCE

POR RACHEL GRACK

AMICUS LEARNING

¿Qué te causa

CAPÍTULO UNO

1

Fundamentos de la pesca

PÁGINA

4

CAPÍTULO DOS

2

Prepárate

PÁGINA

10

curiosidad?

CAPÍTULO TRES

Ve de pesca

PÁGINA
18

Curiosidad por es una publicación de Amicus
P.O. Box 227, Mankato, MN 56002
www.amicuspublishing.us

Editora: Alissa Thielges
Diseñadora de la serie: Kathleen Petelinsek
Diseñadora de libro: Lori Bye

Información del catálogo de publicaciones
LCCN 2023017208
ISBN 9781645497950 (library binding)
ISBN 9781645498490 (paperback)
ISBN 9781645498032 (ebook)

Image credits: Getty/Cavan Images, 21, emholk, 11, John
Henley, 4, Saffron Blaze, 16, Terry Vine, 9; Shutterstock/Deirdre
Jensen, 19, FabrikaSimf, 11, FedBul,Cover, 1, Felipe-Rocha,
19, galitsin, 14, GROGL, 7, Guy J. Sagi, 15, Kondor83, 15,
Krasowit, 19, Maclane Parker, 13, minizen, 22, Mirek Kijewski,
15, Photo Love, 15, Rostislav Stefanek, 19, SeventyFour, 19

Impreso en China

¡Mantén tu curiosidad! 22
Glosario 24
Índice 24

¿A dónde puedo ir a pescar en agua dulce?

En lagos, ríos, arroyos y estanques. En cada estado y provincia hay peces de **agua dulce**. Esto lo convierte en el pasatiempo al aire libre favorito. Muchas familias van de pesca juntas. Pescar en agua dulce es una manera pacífica de disfrutar la naturaleza. ¡Y se vuelve emocionante cuando un pez muerde tu anzuelo!

Pescar con amigos puede hacer la pesca aún más divertida.

¿Cuándo puedo pescar?

Cada estado tiene leyes diferentes. En algunos estados te permiten pescar casi en cualquier momento. Pero tendrás mejor suerte durante las temporadas de pesca. La estación depende de la **especie** y de dónde vivas. En muchos lugares, la temporada de pesca comienza en la primavera. Los peces **desovan** a medida que el agua se calienta. Es más fácil atraparlos en este momento.

¿SABÍAS?
En invierno, la gente pesca en lagos congelados. Taladran hoyos en el hielo, lanzan sus líneas y esperan a que algún pez pique.

En Estados Unidos y Canadá, hay muchos lugares para pescar en hielo.

¿Necesito un bote?

¿SABÍAS?

A veces, los niños menores de 10 años pueden pescar gratis. Pero la mayoría de las personas necesita una licencia. Revisa las leyes de tu estado antes de ir a pescar.

No. Muchos principiantes pescan desde muelles o desde la orilla. Esta es una buena manera de practicar cómo **lanzar** una caña. Algunos **pescadores de caña** se paran dentro del agua. Por supuesto, los botes te pueden llevar a donde hay más tipos de peces. Pero no necesitas un bote con motor. Los botes de remos y las canoas funcionan también.

Un pescador de mayor edad puede mostrarle a un principiante cómo lanzar la línea y elegir una carnada.

¿Qué caña de pescar debo usar?

¡Buena pregunta! Es una pieza importante del **aparejo**. Hay dos tipos comunes de cañas de pescar. Tienen diferentes **carretes**. Las cañas de spinning son mejores para los principiantes. Son ligeras y fáciles de usar. Las cañas de casting lanzan la línea más recto y más lejos. Pero se requiere más práctica para usarlas.

¿SABÍAS?
Algunos pescadores cambian de caña para atrapar peces diferentes.

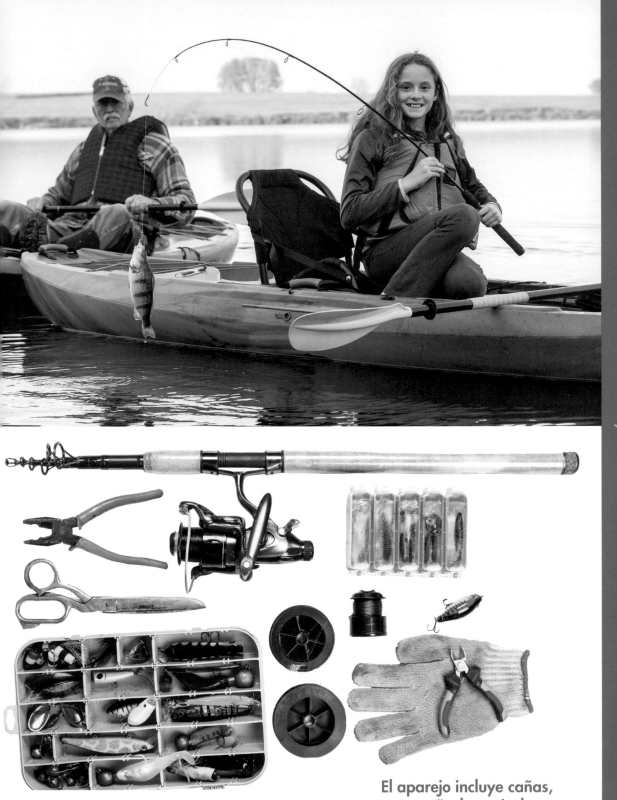

El aparejo incluye cañas, carretes, señuelos e, incluso, herramientas como pinzas.

¿Cuál línea de pescar es mejor?

Los róbalos viven en aguas transparentes que tienen muchas plantas subacuáticas.

Eso depende del pez. Muchos pescadores usan línea de nailon. Pero pon atención a la **prueba de libra**. Esta es la fuerza de la línea. Debe ser dos veces más pesada que el pez. De lo contrario, podría romperse la línea. Por ejemplo, la mayoría de los róbalos pesan menos de 6 libras (2,7 kilos). Usa una línea de prueba de 12 libras (5,4 kg) para róbalo.

¿SABÍAS?
La lobina negra es el pez de agua dulce más popular para pesca en Estados Unidos.

¿Cómo hago que los peces muerdan el anzuelo?

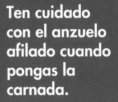

Ten cuidado con el anzuelo afilado cuando pongas la carnada.

Ata un señuelo de pesca a tu línea. Estos son objetos pequeños con forma de **presas** de los peces. Hay muchos tipos diferentes. Pueden ser de goma, de plástico o de metal brillante. Otra forma es la **carnada viva**. Coloca un gusano, pez pequeño o insecto en tu anzuelo.

CRANKBAIT
de ciertas formas y colores
para que parezcan presas

JIG
con un peso de un lado y
un gancho del otro lado

GIRATORIO
un gancho con falda de un lado
y una hoja de metal que gira,
del otro lado

CUCHARILLA
parece una cuchara
sin mango

DE PLÁSTICO SUAVE
carnada de goma que
parece una presa

¿Qué es la pesca con mosca?

Mover con rapidez la caña hace que el señuelo se mueva como una mosca.

Pescar con señuelos que parecen como moscas. El señuelo incluso se llama mosca. Los peces saltan del agua para atraparlo. En la pesca con mosca, mueves la caña rápido para lanzar la mosca. Atrapas peces arriba del agua o justo por debajo de ella. Lanzar una caña con mosca requiere mucha práctica. Es mejor empezar en un pequeño arroyo o estanque.

¿En qué parte del agua encuentro peces?

Revisa las orillas de un estanque. Los peces se reúnen en los juncos o cerca de los árboles. En un río, busca un lugar donde el agua se mueva lentamente. También importan la hora del día y el clima. Algunos peces están activos en la mañana. A otros les gustan los días nublados.

A las carpas les gustan las aguas tranquilas con fondo suave y lodoso.

SEGURIDAD CON EL ANZUELO

¡Presta atención! Manténte concentrado cuando manejes tu anzuelo.

¡Sal del paso! Aléjate de cualquiera que se esté preparando para lanzar una línea.

¡Observa antes de lanzar! Asegúrate que nadie esté parado frente a ti o detrás de ti.

¡Cuelga el anzuelo de tu caña! No dejes el anzuelo colgando suelto cuando esté fuera del agua.

¡Un pez está mordiendo el anzuelo! ¿Ahora qué?

¡Rápido! Tensa la línea y dale a tu caña un tirón fuerte, hacia arriba. ¡Listo! Ahora, haz girar el carrete para jalarlo. Tal vez haya algo de forcejeo. ¡Hurra, **capturaste** uno! Con cuidado, quítale el anzuelo. ¿Te lo quieres comer? Echa el pescado en una cubeta de agua. Después, algún adulto puede ayudarte a limpiarlo. Si no, ¡suéltalo y vuelve a lanzar tu línea!

¿SABÍAS?

La pesca requiere de mucha paciencia. Prepárate para esperar... y esperar... a que un pez pique.

La pesca es genial para personas de todas las edades.

HAZ MÁS PREGUNTAS

¿Debo usar un señuelo o una carnada viva?

¿Qué tipo de peces puedo atrapar donde vivo?

Prueba con una PREGUNTA GRANDE:

¿Es mejor comerme el pez o dejarlo ir?

BUSCA LAS RESPUESTAS

Busca en el catálogo de la biblioteca o en Internet.

Pueden ayudarte tus padres, un bibliotecario o un maestro.

Usar palabras clave

Busca la lupa.

Las palabras clave son las palabras más importantes de tu pregunta.

?

Si quieres saber sobre:

- si usar un señuelo o una carnada viva, escribe: SEÑUELOS VERSUS CARNADAS VIVAS

- peces en tu estado, escribe: ESPECIES DE PECES EN [TU ESTADO]

GLOSARIO

agua dulce Relacionado con el agua que no es salada.

aparejo Equipo para pescar.

capturar Atrapar un pez.

carnada viva Lombrices, peces pequeños o insectos usados para atrapar peces.

carrete Dispositivo pegado al mango de la caña de pescar usado para enrollar y liberar la línea.

desovar El acto de poner huevos.

especies Tipos de animales.

lanzar Usar una caña para lanzar una línea de pescar en el agua.

pescador de caña Persona que pesca por deporte.

presa Un animal que es cazado por otros animales como alimento.

prueba de libra La fuerza de una línea de pescar, medida en libras, para determinar cuánto peso puede soportar antes de romperse.

ÍNDICE

aparejo 10

botes 8–9

cañas de pescar 10, 17

capturar un pez 20

carnada 14

carretes 10

lanzar 9, 17

licencias 8

línea de pescar 12–13

lugares para pescar 5, 9, 18

pesca con mosca 16–17

pesca en hielo 6

prueba de libra 13

róbalo 13

seguridad 19

señuelos 14, 15, 17

temporada de pesca 6

Acerca de la autora

Rachel Grack es editora y escritora de libros para niños desde 1999. Vive en Arizona, un estado donde los espectaculares paisajes ofrecen incontables aventuras todo el año. Montar a caballo es una de sus actividades favoritas al aire libre.